Plate 1

test pattern

Plate 3

Plate 4

test pattern

Plate 5

test pattern

Plate 6

test pattern

test pattern

test pattern

Plate 10

Plate 11

test pattern

Plate 12

Plate 13

test pattern

test pattern

Plate 16

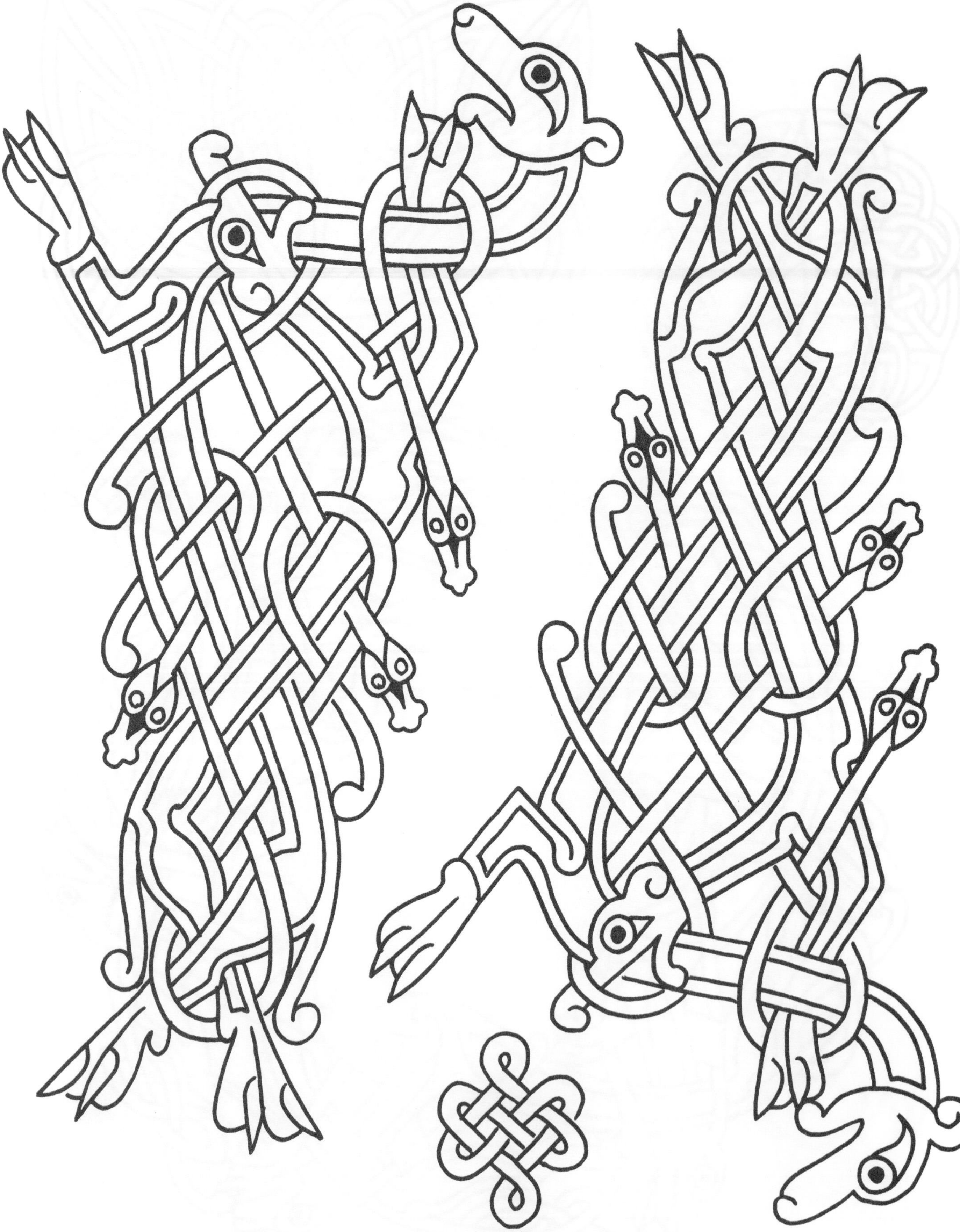

test pattern

test pattern

Plate 20

test pattern

test pattern

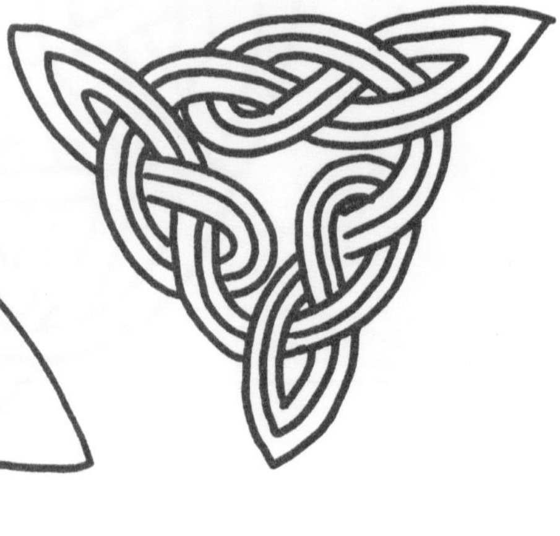

Plate 22

test pattern

test pattern

test pattern